Francine Porfirio Ortiz | Viviane Mayer Daldegan

No Caminho de JESUS

ÁLBUM LITÚRGICO-CATEQUÉTICO

Ano C – 2024|2025

EDITORA VOZES

Petrópolis

© 2024, Editora Vozes Ltda.
Rua Frei Luís, 100
25689-900 Petrópolis, RJ, Brasil
www.vozes.com.br

Diagramação: Ana Maria Oleniki
Revisão gráfica: Jhary Artiolli
Capa: Ana Maria Oleniki
Ilustração de capa: freepik/shekhinah

ISBN 978-85-326-6946-9

Este livro foi composto e impresso pela Editora Vozes Ltda.

Apresentação

Estimados catequistas, catequizandos e famílias, com grande alegria apresento-lhes a vigésima edição do *Álbum Litúrgico-Catequético No Caminho de Jesus*. Sim, chegamos aos 20 anos!

A história escrita e desenhada pelo *Álbum Litúrgico-Catequético* é marcada por belos momentos, entre os quais destacamos a capacidade de auxiliar catequizandos, catequistas e famílias a compreenderem e viverem a liturgia, aproximando-nos da Palavra de Deus e dos mistérios de nossa fé.

Todo ano, graças ao precioso trabalho das autoras Francine e Viviane, chega a nossas comunidades este precioso material, que incentiva o amor pela simbologia da nossa fé e a melhor compreensão da dimensão celebrativa de nossas comunidades.

É necessário destacar a importância dos símbolos, ritos, gestos e palavras na liturgia. Também é preciso salientar a relevância da ludicidade nas atividades catequéticas, por isso o *Álbum Litúrgico-Catequético* se torna um importante subsídio, pois ajuda aos catequizandos e suas famílias a compreenderem melhor a liturgia por meio de atividades criativas que envolvem a todos, independentemente da faixa etária. Não se trata apenas de um álbum para colar figurinhas, o cuidado das autoras permite aprofundar os tempos fortes da liturgia e aproximar o leitor da celebração para participar.

Uma trajetória de 20 anos merece ser, por isso, ofertamos este recurso de formação para as famílias. Em especial, queremos agradecer às autoras, Francine e Viviane, que o bom Deus as abençoe sempre e que o Espírito Santo continue soprando em seus corações para nos ajudar a catequizar e formar discípulos missionários.

Débora Regina Pupo
Coordenadora da Animação Bíblico-Catequética
Regional Sul 2/CNBB

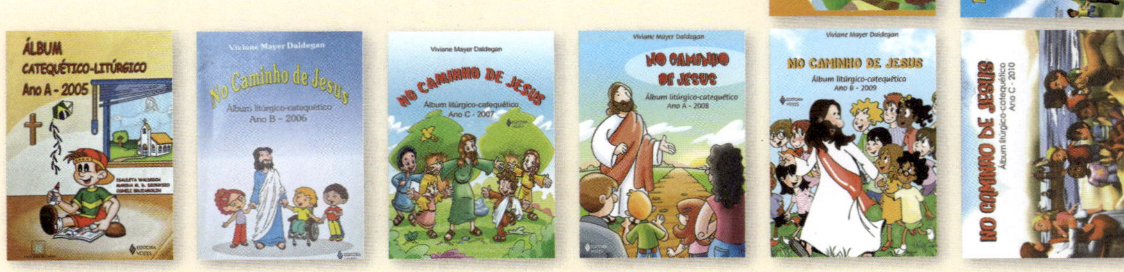

Olá, catequizando!

O que você tem em mãos é um livro para ajudá-lo a conhecer e recordar os acontecimentos da vida de Jesus que são refletidos nas celebrações de domingo. Eles estão organizados em um ciclo de três anos, com base nos evangelhios:

Ano A – Mateus **Ano B – Marcos** **Ano C – Lucas**

O Ano Litúrgico, sempre inicia no primeiro domingo do Advento, que são as quatro semanas antes do Natal, e termina com a Festa de Cristo Rei. Agora iniciamos o Ano C, que nos apresenta a vida de Jesus de acordo com o Evangelho de São Lucas!

Curiosidade

Para o Evangelho de João não há um Ano Litúrgico, pois é refletido na liturgia dominical em momentos especiais, como festas e solenidades. Fique atento para identificar quando isso ocorre.

Em cada Ano Litúrgico, diferentes cores ajudam a identificar o que está sendo celebrado – são elas que vemos nas missas. Vamos conhecê-las?

Roxa: Tempo do Advento e da Quaresma.

Branca: Tempo do Natal, Tempo Pascal, Festas de Nossa Senhora e dos Santos.

Vermelha: Festa de Pentecostes, Sexta-Feira da Paixão e Domingo de Ramos.

Verde: Tempo Comum e dias da semana.

Momento em família

Que tal você e seus familiares prepararem um oratório doméstico ou um espaço especial de oração?

Para isso, escolham um lugar onde podem deixar a Bíblia aberta, acompanhada de outros objetos como uma imagem de Jesus Cristo e/ou de Nossa Senhora, um terço, uma vela, flores, entre outros que representem a nossa fé cristã.

Com seu oratório ou espaço de oração pronto, reúnam-se ao redor dele para fazerem juntos a oração:

Senhor Jesus, que neste ano a nossa família se reúna várias vezes neste espaço para agradecer suas bênçãos e sua presença em nossas vidas. Que possamos conhecê-lo cada vez mais e praticar em nosso lar, uns com os outros, os seus ensinamentos. Amém.

Dezembro

Atenção ao pedido de Jesus

1º Domingo do Advento

2024

D	S	T	Q	Q	S	S
1	2	3	4	5	6	7
8	9	10	11	12	13	14
15	16	17	18	19	20	21
22	23	24	25	26	27	28
29	30	31				

Ler
Lc 21,25-28.34-36

Neste Evangelho encontramos uma orientação importante: é preciso ser sempre ______ para praticar a ______ e promover a paz. Para isso devemos "vigiar e orar", isto é, estarmos ______ às oportunidades de exercitar os ______ de Jesus e seguirmos em diálogo constante com o Senhor. Somente fazendo essas coisas é que, diante das dificuldades, nosso ______ não se encherá de preocupações e de outros ______ que nos afastam de Jesus e nos impedem de reconhecer a sua ______ em nosso dia a dia.

Desembaralhe as palavras correspondentes às cores dos boxes para completar o texto.

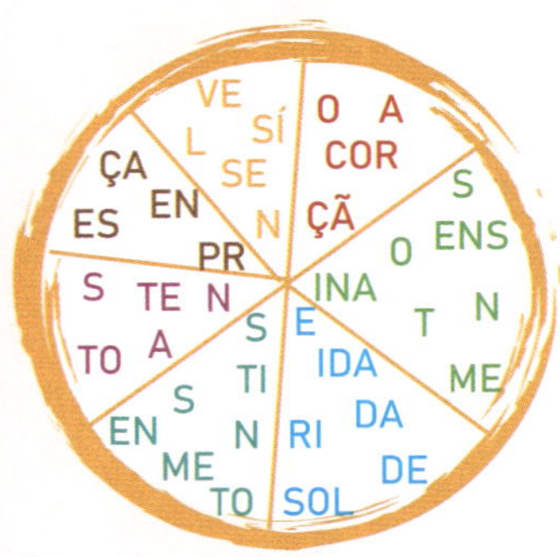

VOCÊ SABIA?

Advento é o tempo dedicado ao ato de examinar as nossas atitudes, observando se estamos atentos ao que o Senhor nos pede. É no Advento que reforçamos nosso compromisso com a prática da oração enquanto nos preparamos para celebrar o nascimento de Jesus.

Momento em família

Em família, escrevam uma oração para fazerem juntos quando as dificuldades surgirem. Lembrem-se de pedirem ao Senhor ânimo para sustentarem a fé praticando a oração e os seus ensinamentos.

01/12/2024

Imaculada Conceição

Ler
Lc 1,26-38

Freepik/freepik

"Eis aqui a serva do Senhor!"

Freepik/freepik

O "sim" de Maria para Deus é um exemplo de quem assume agir de acordo com a sua fé, disposto a enfrentar os desafios com coragem. Maria é um modelo de como todo cristão deve se comprometer quando é chamado a colaborar com Deus em seu plano de amor.

Todos os dias temos a oportunidade de aprender a confiar mais em Deus praticando a oração e a obediência aos seus ensinamentos.

No espaço a seguir, faça um desenho ilustrando o que aprendeu com este Evangelho.

08/12/2024

Freepik/freepik

Momento em família

Enquanto enfrentam as dificuldades do dia a dia, vocês têm conseguido confiar no amor e nos planos de Deus para as suas vidas? No espaço que organizaram em sua casa para oração, rezem uma Ave-Maria pedindo a Deus para fortalecer a sua fé.

João Batista aponta o caminho até o Senhor

3° Domingo do Advento

Ler
Lc 3,10-18

Na época de João Batista, havia muita desigualdade social e abusos de poder cometidos pelas lideranças contra o povo. Diante disso, João Batista orientava as pessoas sobre quais atitudes deveriam ter para se prepararem para o encontro com o Senhor.

Ainda hoje, buscamos entender e praticar as atitudes que nos ajudam a estar próximos do Senhor. Você saberia identificá-las?

Leia as frases no labirinto e selecione aquelas que indicam o caminho certo para chegar a Jesus.

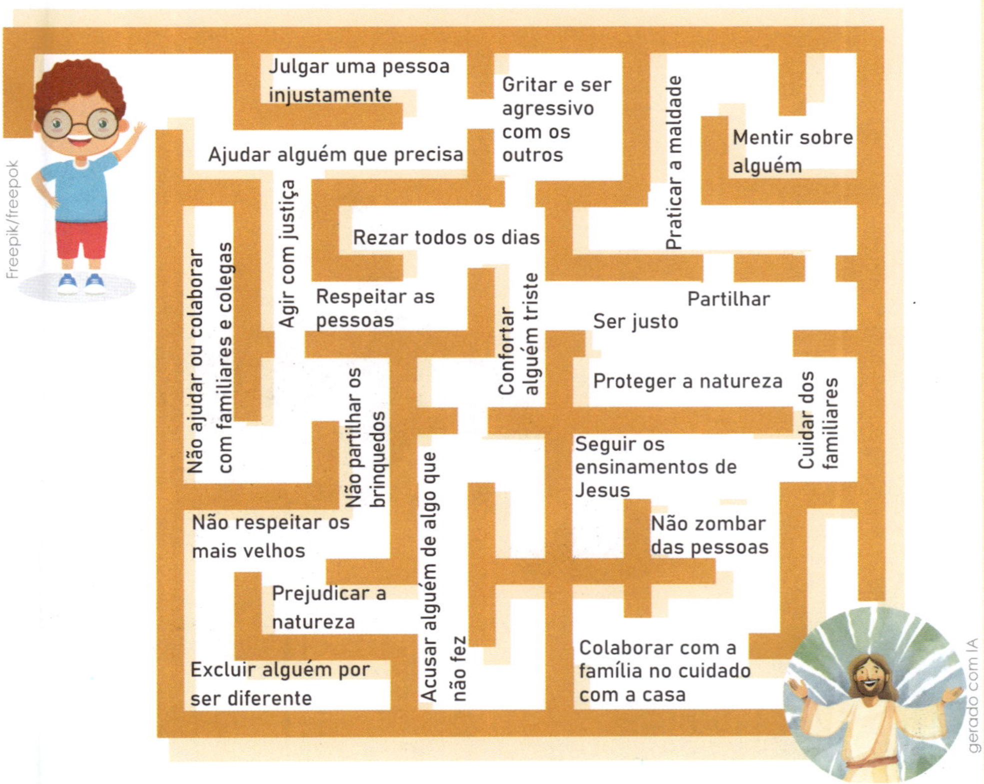

Freepik/freepok

gerado com IA

Momento em família

Em família, releiam no labirinto as atitudes que nos levam a Jesus e escolham uma para se comprometerem a praticar nesta semana. Conversem sobre como podem fazer isso e concluam o momento no espaço para oração de sua casa, com a seguinte oração:

Senhor Jesus, pedimos agora a sua ajuda para mantermos o nosso compromisso de praticar esta atitude com mais frequência em nosso lar, porque queremos conviver melhor uns com os outros e fortalecer o amor que nos une. Obrigado, Senhor, amém!

Freepik/freepok

4º Domingo do Advento

Ler
Lc 1,39-45

A nossa missão é servir

Isabel já era idosa quando Deus a abençoou com uma gravidez, por isso precisaria de muita ajuda. Maria, que também estava grávida, não hesitou em ir até Isabel para auxiliá-la no que pudesse.

O gesto de Maria representa que, desde o princípio, Jesus serviu à humanidade. Por intermédio dela, que servia a Deus de todo o coração, Jesus já visitava os marginalizados desde o princípio de sua vida terrena.

Pare e pense:

O quanto você tem servido a Deus com suas palavras e atitudes?

Veja a cena a seguir.

Freepik/serhii_bobyk

Se você visse em sua escola uma criança sozinha, parecendo triste, o que faria? Considere os ensinamentos de Jesus e responda nas linhas a seguir.

22/12/2024

Momento em família

Que tal concluir este momento rezando pelas pessoas que podem estar se sentindo solitárias e tristes? Vá até o espaço onde fazem suas orações em sua casa!

Freepik/EyeEm

gerado com IA/Ana Oleniki

Natal do Senhor

Ler
Jo 1,1-18

Hoje celebramos o nascimento de Jesus! Participe da celebração em sua comunidade e, com a sua família, reflitam sobre o Evangelho. Depois, acessem o *QR Code* ao lado para realizarem juntos a atividade proposta.

Ocupar-se das coisas de Deus

Sagrada Família

Ler
Lc 2,41-52

Neste Evangelho, vemos que Jesus preocupou seus pais quando permaneceu em Jerusalém e não acompanhou a comitiva com a qual eles voltavam para casa. Maria e José o encontraram somente depois de três dias, imagine o quanto eles estavam assustados! Mas essa situação nos ajuda a entender algo muito importante. Você sabe o que é?

Preencha as lacunas com as sílabas de cores correspondentes.

Para Jesus, ocu____-se das ____sas de Deus é um compromisso. Por isso é preciso de____car tempo para re____ e aprender sobre a presença de Deus na vida do povo ____do a Bíblia, partici____do da catequese ou con____sando com os ____mãos de fé.

29/12/2024

Freepik/Mikki Orso

Momento em família

Jesus não percebeu que sua atitude de ficar em Jerusalém sem avisar poderia preocupar seus pais. Que tal perguntar à sua família quais atitudes podem preocupá-la? Aproveitem o momento para firmar o compromisso de informar suas atividades uns aos outros.

Freepik/freepik

Férias no caminho de Jesus

Janeiro e Fevereiro

Vamos aproveitar as férias para nos aproximarmos mais de Jesus?
Participe das celebrações e realize as atividades!

Santa Mãe de Deus, Maria

Ler
Lc 2,16-21

01/01/2025

Jesus nos traz esperança

Os pastores foram chamados a participar da alegria do nascimento de Jesus, o Salvador tão esperado pelo povo! Nós também somos convidados a celebrar o nascimento de Jesus e a esperança que Ele traz para a humanidade.

Momento em família

Reúna sua família para lerem juntos este Evangelho, depois conversem sobre como se sentiriam se pudessem acompanhar esse momento junto aos pastores e conhecer o Menino Jesus recém-nascido.

Anote o resumo do que conversaram.

Epifania do Senhor

Ler
Mt 2,1-12

05/01/2025

Jesus nos traz mudança

Herodes sabia que o nascimento de Jesus mudaria a vida de muitas pessoas, inclusive a dele. Para evitar mudar seu estilo de vida, pois temia perder seu trono para Jesus, ele planejava se livrar do Senhor enquanto ainda era um bebê.

De fato, os ensinamentos de Jesus convidavam as pessoas a mudarem para tornar o mundo melhor. No entanto mudar não é fácil, e muitas vezes insistimos em fazer as coisas do nosso jeito porque não queremos ou achamos difícil seguir o que Jesus ensinou.

Momento em família

Converse com sua família sobre atitudes que são difíceis de mudar, mesmo que prejudiquem a nós mesmos ou aos outros. Depois escrevam e rezem juntos uma oração pedindo a Deus que os ajude a melhorarem cada vez mais seu compromisso com os ensinamentos de Jesus.

Jesus nos traz vida nova

Batismo do Senhor

Ler
Lc 3,15-16.21-22

Hoje celebramos o Batismo de Jesus, quando Ele é reconhecido como o Filho de Deus! Assim como Jesus, nós também nos tornamos filhos queridos de Deus pelo Batismo.

Há um elemento no Batismo realizado em nossa igreja que também estava presente quando Jesus foi batizado no Rio Jordão. Você sabe dizer qual?

Pinte os espaços marcados com X e encontre no desenho qual é esse elemento.

A ____________ no rito batismal não pode faltar, pois simboliza a purificação, a vida e a morte. No Batismo, seu uso significa que a pessoa batizada foi purificada de tudo o que a afasta de Deus, nascendo para a vida nova que o Senhor nos convida a viver.

12/01/2025

Momento em família

Converse com sua família sobre o seu Batismo. Procure informações sobre seus padrinhos, a igreja onde foi batizado e as memórias do dia em que recebeu esse sacramento. Se possível, aproveite para verem fotos ou outros objetos que relembrem esse momento.

2° Domingo Comum

Ler
Jo 2,1-11

19/01/2025

Jesus nos traz o impossível

Imagine-se em uma festa em que, de repente, você soubesse que alguém fez um milagre, algo até então impossível de acontecer! Pois é, transformar a água em vinho foi o primeiro milagre de Jesus. Por meio desse gesto, Ele nos revela que é um Deus sensível que celebra e partilha com o povo os momentos bons e desafiadores de suas vidas.

No espaço para oração de sua casa, faça o sinal da cruz e leia o Evangelho deste domingo, devagar. Feche os olhos e imagine como esse milagre de Jesus alegrou as pessoas, fazendo-as acreditarem nele como Filho de Deus.

Faça um desenho ilustrando esse momento.

Curiosidade

Frei Galvão é um dos Santos brasileiros mais conhecidos por interceder junto a Deus para realizar milagres de cura. Foi canonizado pela Igreja em 2007, depois de ajudar pessoas a se curarem de diferentes condições ofertando a elas uma oração escrita em latim, recortada em pequenos papéis que foram enrolados em formato de "pílulas". Até hoje as conhecidas "pílulas do Frei Galvão" estão disponíveis aos que buscam por milagres com muita fé.

Momento em família

Ainda hoje, pessoas relatam milagres que Deus fez em suas vidas. Há quem diga ter se curado de doenças ou conquistado algo importante por intermédio da fé e da ação de Deus. Pergunte à sua família sobre algum milagre que tenha acontecido com algum parente ou pesquisem juntos relatos de milagres. Depois conversem sobre como podem ter mais fé no poder de Deus de transformar as nossas vidas.

Jesus nos traz amor ao próximo

3º Domingo Comum

Ler
Lc 1,1-4; 4,14-21

Jesus veio a todos que precisam dele, não importando quão pecadores sejam. Para nós, isso pode ser difícil de compreender.

Observe o diálogo.

Muitas vezes comparamos quem merece mais perdão, quem merece mais amor, quem merece mais respeito do que os outros. Não foi isso que Jesus nos ensinou.

Preencha as lacunas com as vogais que faltam para descobrir o que Jesus espera de seus seguidores.

Jesus quer que am__mos a t__dos igualm__nte, e isso sign__fica aj__d__r e ac__lh__r a todos s__m j__lgar ninguém c__mo m__lh__r ou p__or.

Vamos concluir o mês de janeiro com uma atividade especial? Acesse o QR Code.

Momento em família

Reúna-se com sua família no espaço para oração de sua casa e leiam este Evangelho. Pensem juntos em pessoas hoje muito julgadas, excluídas ou marginalizadas que seriam apontadas por Jesus como aquelas que mais precisam do amor de Deus.

Apresentação do Senhor

Ler
Lc 2,22-40

02/02/2025

"Meus olhos viram a salvação"

Ainda bebê, Jesus é levado por seus pais ao Templo de Jerusalém para ser apresentado aos sacerdotes e consagrado a Deus.

Por que a apresentação do Senhor é tão importante?

Resolva os cálculos e preencha a frase com as palavras que correspondem às respostas.

32 comunidade | 11 Salvador | 14 anunciada | 12 esperança | 18 primogênito

13 humanidade | 56 salvação | 19 tradição | 35 Espírito | 24 rito

Apresentar Jesus no templo revela a sua ____________________ (12+4–3) e divindade.

A sua humanidade é marcada pelo gesto de Maria e José de cumprirem a ______________ (15–8+12) do povo de realizar o ______________ (6x4) de apresentação do filho ________________ (9–2–3+14). A sua divindade é ______________ (12x3–22) por Simeão, para quem o ____________ (7x5) Santo revela que o menino Jesus é o ________________ (8+7–4) esperado. Hoje podemos, como __________________ (3x3+23), conhecer o Senhor e renovar a nossa __________________ (21x2–30) de receber dele a _____________ (8x7).

Adobe Stock

Momento em família

Converse com sua família sobre como cada um conheceu Jesus como o Salvador do mundo. Depois, no espaço onde realizam orações em sua casa, façam juntos uma prece agradecendo a Deus por nos enviar seu Filho amado.

5° Domingo Comum

Ler
Lc 5,1-11

Jesus nos quer próximos dele

Simão havia passado a noite inteira tentando pescar algo e estava muito frustrado com seus resultados. Quando Jesus lhe diz para tentar uma última vez, e orienta onde deveria lançar as redes, Simão decide dar atenção à orientação do Mestre.

Freepik/gooneruo

Imagine a emoção de Simão quando as redes ameaçaram arrebentar de tantos peixes!

Escreva a primeira letra de cada objeto, junte-as e complete o versículo do que disse Simão após reconhecer o poder de Jesus:

"Senhor, afasta-te de mim que sou um homem _ _ _ _ _ _ _!".

As palavras de Simão revelam que muitas vezes pensamos que só podem se aproximar de Jesus "os mais santos" ou "aqueles que realmente merecem". No entanto é justamente a proximidade com Jesus que nos leva a reconhecer nossa condição e a buscar assumir um compromisso maior com os valores que Ele ensina, melhorando as nossas atitudes no mundo.

Momento em família

No espaço de oração de sua casa, leia com sua família este Evangelho e reflitam juntos sobre como a nossa relação com Jesus pode nos incentivar a melhorar nossas atitudes e buscar ser a nossa melhor versão no mundo. Depois rezem pedindo ao Senhor para conseguirem cada vez mais se aproximar dele.

Adobe Stock

6° Domingo Comum

Ler
Lc 6,17.20-26

16/02/2025

A vida que o cristão deve buscar

Medite este evangelho seguindo o passo a passo:

Freepik/freepik

1. Em um lugar silencioso, faça o sinal da cruz e leia Lc 6,17.20-26 com atenção.
2. Feche os olhos e relembre o que leu, imaginando toda a cena descrita.
3. Pense nas pessoas que se reúnem ao redor de Jesus para ouvi-lo.
4. Reflita sobre as palavras de Jesus a respeito dos pobres e dos ricos: o que você acha que Ele quis dizer?
5. Considere que as pessoas que ouviam Jesus eram, em sua maioria, pobres e acostumadas a serem excluídas ou maltratadas por causa de sua condição social. Imagine como elas se sentiram ao ouvi-lo.
6. Faça a oração:

Querido Jesus, hoje você me ensinou que os bens materiais não importam para Deus, por isso não devemos torná-los a prioridade das nossas escolhas. Para o Senhor, a vida vivida com bondade e honestidade é o que devemos buscar em primeiro lugar. Por favor, Senhor, ajude-me a ver a vida segundo seus ensinamentos. Amém.

7. Faça o sinal da cruz e perceba como você se sente.

Freepik/freepik

Momento em família

Que tal meditar este Evangelho com sua família? Convide-os a participar com você desse passo a passo.

Não retribuir o mal que recebe

7° Domingo Comum

Ler
Lc 6,27-38

Jesus nos ensina neste Evangelho que não devemos retribuir o mal que nos fazem com outra maldade. Isso pode ser muito difícil.

Observe a ilustração.

Freepik/Wavebreak Media

Estamos tão acostumados com a retribuição de um mal com outra maldade que não nos escandalizamos quando vemos isso acontecer. Parece aceitável empurrar quem o empurra, falar mal de quem fala mal de você e assim por diante, mas Deus espera de nós outra atitude. Você sabe qual?

Organize as letras e descubra.

Jesus nos ensina que é preciso ser [1]_______________ aos seus [2]_______________________, aprendendo a amar o próximo não porque o julgamos "[3]_______________________", mas porque somos todos [4]___________________ criados pelo mesmo Pai Criador.

[1] ELFI
[2] TOSNAENMENSI
[3] DORMECERE
[4] MÃOSIR

O amor que Jesus nos ensina rejeita qualquer forma de violência ou exclusão, por isso somos convidados a praticar o perdão e a misericórdia uns com os outros.

Que tal criar uma arte para representar o que aprendeu com os Evangelhos dos domingos do mês de fevereiro? Para isso, siga as orientações acessando o QR Code!

Momento em família

Freepik/Freepik

Converse com a sua família sobre como podem evitar falar agressivamente ou brigar quando se sentem ressentidos uns com os outros, exercitando o perdão e a misericórdia ensinados por Jesus entre vocês. Depois, no espaço de oração de sua casa, rezem a Deus pedindo que os ajude a serem promotores da paz.

Março

8° Domingo Comum

2025

D	S	T	Q	Q	S	S
						1
2	3	4	5	6	7	8
9	10	11	12	13	14	15
16	17	18	19	20	21	22
23/30	24/31	25	26	27	28	29

Ler

Lc 6,39-45

Quem julga o outro é cego para si mesmo

O Evangelho de hoje aponta um comportamento que, para Jesus, é bastante inadequado e injusto:

◯◯ os ◯◯ como se não ◯◯◯◯ também nossos ◯◯ ◯◯◯.

Utilize apenas as sílabas dos quadrantes de cor roxa para completar a frase.

Julgar é como dar uma nota a alguém na vida sem assumir que nós também temos muito a aprender.

Para Jesus, não devemos impor aos outros o nosso jeito de ser e viver. Sempre que julgamos, somos injustos, porque não sabemos a história que cada pessoa viveu para se tornar quem é.

02/03/2025

Momento em família

No espaço de oração de sua casa, reúna a sua família e façam juntos a prece:

Senhor Jesus, pedimos perdão pelas vezes que julgamos as pessoas por terem opiniões, atitudes e jeitos diferentes dos nossos, principalmente quando não seguem os seus ensinamentos.

Ajude-nos a ser justos e humildes para que continuemos a representar o seu amor no mundo. Amém.

Hoje iniciamos a Quaresma, período em que nos preparamos para a Páscoa. Durante esse tempo, a Igreja nos convida a refletir sobre nossas atitudes e a avaliar se estamos realmente praticando os ensinamentos de Jesus em nossas vidas.

Momento em família

Participe da celebração das cinzas com sua família! Depois pensem juntos sobre suas próprias atitudes que não agradam a Deus e precisam ser corrigidas, porque podem prejudicar vocês, os outros ou a natureza. Conversem sobre como podem viver seu compromisso cristão no mundo com fidelidade ao Senhor.

Quarta-Feira de Cinzas

Ler
Mt 6,1-6.16-18

Freepik/vetre

Atitudes que nos afastam de Deus

Muitas são as coisas que concorrem com o tempo que dedicamos ao nosso relacionamento com Jesus e à prática dos seus ensinamentos. Mesmo Jesus já foi tentado a fazer escolhas que o afastassem do caminho de Deus Pai, como vimos no Evangelho de hoje.

Leia a lista e identifique com um X as escolhas que podem nos afastar de Deus, de nossa vida cristã.

- ◯ Brigar com amigos ou irmãos.
- ◯ Ajudar os mais velhos.
- ◯ Respeitar as diferenças entre as pessoas.
- ◯ Fofocar sobre as pessoas.
- ◯ Não ir à missa por preguiça.
- ◯ Não ajudar a família nos cuidados com a casa.
- ◯ Cuidar da natureza.
- ◯ Ridicularizar as pessoas por suas diferenças.
- ◯ Não participar da catequese.
- ◯ Agir com egoísmo.
- ◯ Fingir que segue os ensinamentos de Jesus quando faz o contrário.

1º Domingo da Quaresma

Ler
Lc 4,1-13

09/03/2025

Escolha uma das atitudes marcadas que nos afastam de Deus e dos ensinamentos de seu Filho. Depois, desenhe como podemos substituí-la por uma atitude mais adequada ao que Jesus ensina.

Jesus venceu as tentações no deserto mantendo a fidelidade ao amor de Deus e o compromisso com sua missão no mundo.

Momento em família

Leia com sua família o Evangelho e apresente o que aprendeu com a atividade. Depois reflitam juntos sobre quais são as tentações que, como família, vocês reconhecem que podem prejudicar seu compromisso com o amor de Deus. Combinem como podem ajudar uns aos outros a se manterem fiéis aos ensinamentos de Jesus.

2º Domingo da Quaresma

Ler
Lc 9,28b-36

A oração nos coloca na presença de Deus

Observe o diálogo.

Freepik/freepik

Neste Evangelho aprendemos que orar é se colocar na presença de Deus, sendo um momento em que a glória do Senhor se manifesta e nos faz sentir mais fortalecidos pela ação do Espírito Santo para enfrentar os desafios, lembrando-nos de que não estamos sozinhos.

No diálogo que você leu, foi feito um ________ para os amigos rezarem juntos. Muitas vezes ________ é a única coisa que podemos fazer por aqueles que ________, mas Jesus nos deixa claro que na ________ da oração ________ o nosso ________ com ________ e temos os nossos sentimentos de ________, ________ ou ________ transformados em ________, ________ e paz.

Siga as setas no quadro 2 conforme o quadro 1, e complete as palavras que faltam no parágrafo acima.

Quadro 1

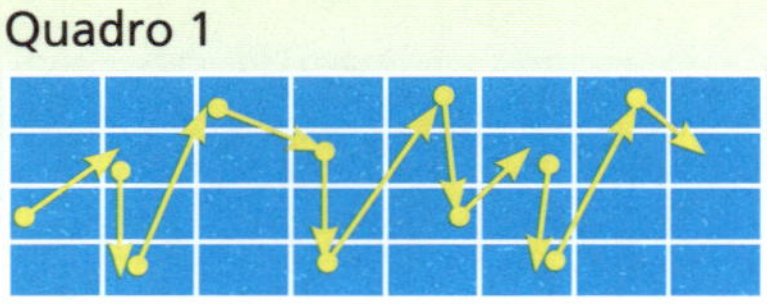

Quadro 2

viver	irmãos	experiência	foram	Deus	fé	coragem	amados
Bíblia	orar	discípulos	fortalecemos	saber	raiva	oração	confiança
convite	mundo	Evangelho	ensinamentos	angústia	rezar	planeta	somos
ainda	amamos	quis	relacionamento	Senhor	medo	cuidado	Jesus

Momento em família

Neste Evangelho, Deus apresenta Jesus como seu Filho amado e nos faz um pedido: “Escutai-o!”. Convide a sua família para se reunirem no espaço de oração de sua casa e rezarem, cada um em silêncio, para que a voz de Jesus seja sempre ouvida em seus corações, principalmente diante dos desafios.

Jesus nos pede boas ações

3° Domingo da Quaresma

Ler
Lc 13,1-9

Neste Evangelho aprendemos que precisamos nos responsabilizar pelo modo como escolhemos viver, realizando com frequência uma revisão de nossas atitudes para abandonar aquelas que nos afastam de Deus.

Jesus nos diz que precisamos ser como uma árvore que dá bons frutos, isto é, precisamos praticar boas ações para a natureza e as pessoas ao redor. Essa é a nossa responsabilidade como seus seguidores.

23/03/2025

Como seguidor de Jesus, quais têm sido seus frutos, as suas boas ações? Preencha o quadro:

★ Quais foram as boas ações?	★ Como essas boas ações ajudaram a natureza ou alguém?
1. ______	1. ______
2. ______	2. ______
3. ______	3. ______

Momento em família

Converse com sua família sobre as boas ações que vocês podem realizar juntos e combinem pelo menos uma para praticar nesta próxima semana.

A boa ação que nossa família realizará nesta semana é:

______

______

______

______

4° Domingo da Quaresma

Ler
Lc 15,1-3.11-32

Assim é o amor de Deus por nós, sempre pronto para nos receber e perdoar quando erramos. Para sermos perdoados por Deus, no entanto, são necessárias algumas condições. Você sabe quais?

Jesus nos ensina sobre o perdão

Na convivência, podemos dizer ou fazer algo que venha a magoar ou entristecer alguém. Neste Evangelho, vimos que o filho mais velho cometeu muitos erros que o distanciaram de Deus e de sua família. Apesar disso, ao se arrepender e voltar para casa, seu pai se alegrou com seu retorno e o perdoou porque o amava muito.

Descubra trocando os símbolos por letras para completar o texto.

Para recebermos o perdão de Deus, é preciso primeiro ________ que erramos. E ao reconhecermos nosso erro, precisamos entender quais ________ causamos para nós mesmos, para os outros, para a natureza e para o nosso ________ com Deus. Reconhecendo nosso erro e os ________ que ele causou, podemos nos ________ verdadeiramente de tê-lo cometido e pedir ________ com ________ ao Senhor e àqueles a quem ________. Somente assim seremos capazes de nos ________ a mudar para melhor em uma real experiência de ________, de transformação de vida. Deus nos perdoa e nos ________ para que possamos nos tornar a nossa ________ versão no mundo.

30/03/2025

Momento em família

Com sua família, no espaço de oração de sua casa, conversem sobre o texto que você completou na atividade e façam juntos a oração:

Senhor, a nossa família se coloca na sua presença para pedir que toque nossos corações e mantenha a nossa sensibilidade viva para perceber quando magoamos uns aos outros. Que, arrependidos e com humildade, possamos pedir perdão e perdoar quando necessário, aprendendo juntos o valor de nos manter unidos no seu amor. Perdão, Senhor, pelos momentos que também o magoamos com pensamentos, atos e omissões. Amém.

Abril

A misericórdia de Jesus

5° Domingo da Quaresma

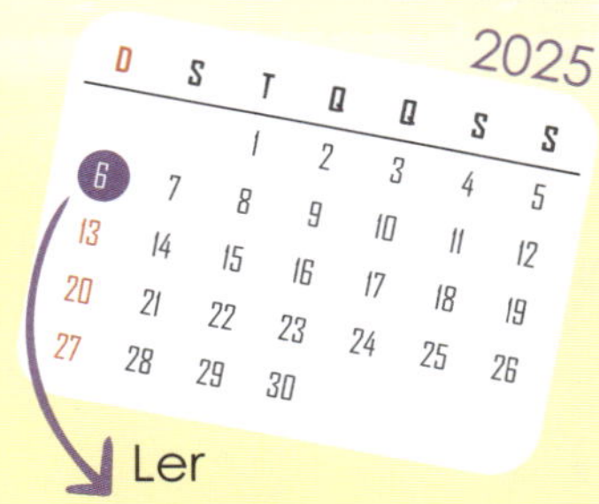

Ler
Jo 8,1-11

Este Evangelho nos revela que, para Jesus, nada justifica a violência e a exclusão. A mulher que trouxeram para Jesus condenar era, na época, considerada impura, pecadora e merecedora de uma punição terrível: ser apedrejada publicamente. Jesus, no entanto, lembra a todos algo importante!

Descubra o que é encontrando no caça-palavras aquelas que completam o texto.

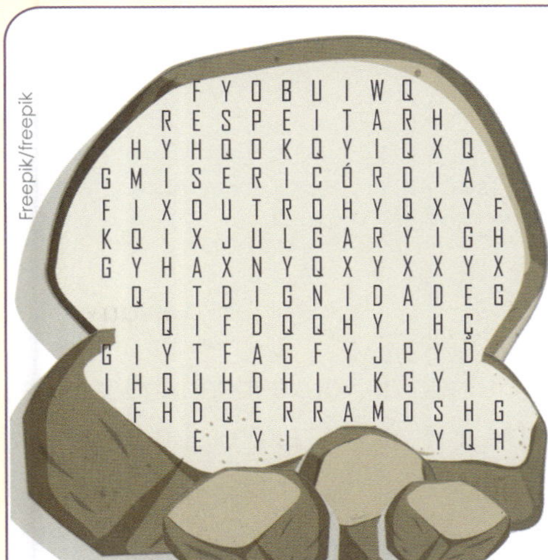

Freepik/freepik

Não devemos __________________ o erro do ____________, porque todos _________________________. É preciso ____________________ a ______________________ de todos e, expressando o acolhimento e a ______________________________ aprendida de Deus, dar a eles a ___________________ de mudarem de _______________.

06/04/2025

Observe a ilustração.

Adobe Stock

Nesta ilustração vemos uma criança sozinha, excluída de uma brincadeira. Vamos imaginar que isso aconteceu porque o grupo não conhecia essa colega muito bem, então julgaram que ela poderia não ser legal, já que "parecia metida". Decidiram não convidá-la para a brincadeira, e isso acabou gerando uma triste exclusão.

Pense como você poderia resolver essa situação segundo o que aprendeu neste Evangelho e faça uma nova ilustração representando isso.

Momento em família

Conversem sobre como julgamos as pessoas sem conhecê-las, excluindo-as, ou condenando-as, às vezes sem nem perceber. Reflitam juntos sobre como podemos evitar agir assim, expressando mais a atitude de acolhimento e misericórdia de Deus no mundo.

Este é Jesus, o nosso Rei!

Freepik/freepik

Hoje relembramos o momento que Jesus, ao entrar em Jerusalém, foi reconhecido e acolhido como o Messias esperado! Muitas pessoas se reuniram para receber Jesus com alegria e festa, porque acreditavam que Ele poderia libertá-las de seus sofrimentos.

Nós também acreditamos que Jesus pode nos libertar das angústias, dos medos e das preocupações. Acreditamos que Jesus é o Filho de Deus, por isso até hoje realizamos a procissão de ramos para celebrar a sua chegada em nossas vidas!

Escreva a seguir cinco atitudes que você aprendeu com Jesus quando Ele chegou em sua vida.

1 ____________________

2 ____________________

3 ____________________

4 ____________________

5 ____________________

Freepik/freepik

Momento em família

Apresente as atitudes que você aprendeu com Jesus e pergunte quais atitudes cada membro da sua família aprendeu em sua relação com o Senhor. Que tal criarem juntos um cartaz desenhando essas atitudes? Ao final, utilizem o cartaz para decorar o espaço de oração e, reunidos ao redor dele, concluam com a prece:

Querido Jesus, nós agradecemos por ter compartilhado da nossa humanidade e nos ensinado o caminho para chegarmos a Deus Pai. Obrigado por tudo o que fez por nós! Que todos os dias, Senhor, possamos recebê-lo em nossas vidas com alegria! Amém.

Domingo de Ramos

Ler

Lc 19,28-40

13/04/2025

VOCÊ SABIA?

No Domingo de Ramos iniciamos a Semana Santa, evento no qual relembramos os últimos acontecimentos da vida terrena de Jesus.

Freepik/freepik

Semana Santa

Nesta semana especial, no espaço de oração de sua casa, reúna-se com a sua família a cada dia para colarem as figurinhas, lerem os Evangelhos e realizarem juntos as orações.

Ceia do Senhor

Ler **Jo 13,1-15**

17/04/2025

O Senhor nos dá seu exemplo

Hoje, Jesus, lembramos o teu exemplo de humildade e serviço, nos mostrando a importância de sermos solidários. Pedimos, Senhor, que fortaleça em nossos corações o amor ao próximo para que, seguindo seu exemplo, sejamos reconhecidos como teus seguidores por viver os teus ensinamentos. Amém.

Paixão do Senhor

Ler **Jo 18,1–19,42**

18/04/2025

Jesus dá sua vida por nós

Querido Jesus, recordamos hoje a tua entrega por toda a humanidade. Obrigado, Senhor, por teu sacrifício de entrega, que nos revela o seu amor por nós e a sua fidelidade a Deus Pai. Pedimos perdão, Senhor, por todas as vezes que esquecemos a tua amorosa doação por nós. Por favor, fortaleça a nossa fé. Amém.

Vigília Pascal

Ler **Lc 24,1-12**

19/04/2025

O Senhor renova a nossa esperança

Em família, escrevam uma oração destacando o que mais marcou vocês neste Evangelho e a rezem juntos.

____

____

____

____

Freepik/freepik

Coragem, Ele vive!

Freepik/Kennedy Andres

Viva, Jesus venceu a morte! A Ressurreição do Senhor cumpre todas as suas promessas!

Na Páscoa, renovamos a esperança de que Jesus pode orientar os nossos passos no dia a dia. Ele nos ensinou que não veio para evitar que enfrentemos sofrimentos, mas para aprendermos a vivê-los sem perder a fé e a dignidade de filhos de Deus.

Jesus nos ___berta dos nossos me___, para que ___ssamos ___fren___ as di___culda___ com cora___.

Complete a frase com as sílabas que encontrar na figurinha.

Momento em família

Somos herdeiros da missão de amor que Jesus nos deixou! Que tal hoje produzirem em família um cartão para registrar a mensagem de esperança que a Ressurreição de Jesus traz para todos nós? Vocês podem utilizar uma folha de papel sulfite, canetinhas coloridas, cola e glitter para essa produção. Usem a criatividade e mãos à obra!

epik/freepik

Páscoa do Senhor

Ler **Jo 20,1-9**

20/04/2025

Feliz Páscoa

2° Domingo da Páscoa

Ler
Jo 20,19-31

Neste Evangelho, Jesus mostra que é preciso buscar fortalecer a nossa fé nesses momentos. Por isso Ele oferece a Tomé os sinais de que precisava para a sua fé se confirmar.

O Senhor nos dá sinais de sua presença

Jesus sabe que as dúvidas fazem parte da vida. Mesmo quando temos fé, às vezes confiamos mais na nossa capacidade de resolver os problemas do que na ação de Deus.

O que isso pode nos ensinar? Descubra preenchendo as lacunas do texto com as palavras que a linha e a coluna do quadro indicarem.

Jesus sempre nos dá ______________ **B3** de sua presença, respondendo às ______________ **D1** no tempo certo e da maneira necessária para realizarmos ______________ **C5** melhores. É preciso ______________ **A4** no Senhor, cultivar e ______________ **B2** a nossa fé com ______________ **D4** e ______________ **C1** na comunidade para conseguirmos reconhecer os seus sinais em nossas vidas e na vida do povo.

	1	2	3	4	5
A	Igreja	marcas	Jesus	confiar	justiça
B	sinais	amadurecer	sinais	bondade	Bíblia
C	participação	Espírito	fé	catequese	escolhas
D	dúvidas	saber	missa	orações	sabedoria

27/04/2025

Momento em família

Converse com sua família sobre como Jesus sinaliza a sua presença nas nossas vidas por meio do amor que recebemos das pessoas, dos gestos de solidariedade, da leitura da Bíblia... Depois escrevam juntos uma prece para realizar no espaço de oração de sua casa pedindo a Jesus para seguirem os seus ensinamentos e se manterem firmes na fé.

Freepik/freepik

Que tal pensar nos passos que você pode dar no seu caminho para se manter firme na sua fé em Jesus? Acesse o QR Code e realize a atividade!

Freepik/Ruslan Batiuk

Maio

O amor se expressa em atitudes

3° Domingo da Páscoa

Ler

Jo 21,1-19

Neste Evangelho, vemos Jesus perguntar três vezes a Simão Pedro se o amava. Em seguida, ao ouvir Simão Pedro confirmar seu amor, Jesus lhe faz um pedido.

Releia o versículo 19 e escreva-o:

Freepik/freepik

Seguir no caminho de Jesus envolve demonstrar atitudes de amor aos outros, à natureza e a Deus. Você sabe quais atitudes são essas?

Complete os quadros escrevendo ou desenhando exemplos dessas atitudes.

Isso significa que Jesus não quer ser amado apenas com palavras, por mais que afirmemos amá-lo. Para o Senhor, é importante confirmar nosso amor por meio de atitudes comprometidas com seus ensinamentos, seguindo-o de verdade.

Freepik/Wavebreak Media

Observe as imagens da página anterior e responda honestamente às perguntas:

★ Você tem ajudado as pessoas ao seu redor quando elas precisam? Quais atitudes revelam isso?

★ Você tem cuidado da natureza como criação de Deus? Como?

★ Você tem tratado bem as pessoas com quem convive? Dê exemplos.

★ Você tem se dedicado ao seu relacionamento com Jesus? Como?

Pare e pense:

Observando suas respostas, como você poderia melhorar a sua relação com os outros, com a natureza e com Jesus?

Momento em família

Reflita com sua família sobre algumas atitudes esperadas de uma pessoa que segue Jesus. Depois, no espaço para oração de sua casa, façam juntos uma prece pedindo a Deus que os ajude a expressarem cada vez mais essas atitudes.

Freepik/freepik

Jesus nos chama pelo nome

4° Domingo da Páscoa

Ler
Jo 10,27-30

No espaço para oração de sua casa, faça uma leitura orante deste Evangelho seguindo os passos:

1. Prepare flores, vela (peça a um adulto para acendê-la) e a Bíblia no centro. Inicie o momento com o sinal da cruz e leia o Evangelho de Jo 10,27-30 imaginando cada cena descrita.
2. Repita as palavras de Jesus: "Minhas ovelhas ouvem a minha voz; eu as conheço e elas me seguem".
3. Coloque a mão direita no peito, sobre o coração, e a mão esquerda na altura do umbigo. Respire com calma, sentindo seu corpo enquanto inspira e expira o ar. Pense com carinho no quanto Jesus cuida de nós, sem nos abandonar. Ele é o Bom Pastor, e nós somos suas ovelhas. Ele nos conhece pelo nome e nos chama para que não nos afastemos de seu caminho.
4. Ore a Jesus agradecendo tudo o que faz por você.
5. Ao final, repita três vezes: *Querido Jesus, que eu continue a ouvir a sua voz*. Conclua com o sinal da cruz.

Complete a frase no corpo da ovelhinha.

Como nosso Bom Pastor, Jesus cuida de nós. Mas o que é cuidar de alguém?

Freepik/brgfx

Freepik/brgfx

Momento em família

Que tal realizar com sua família a leitura orante deste Evangelho? Siga o mesmo passo a passo que você fez anteriormente.

5° Domingo da Páscoa

Ler

Jo 13,31-33a.34-35

18/05/2025

Quem segue Jesus sabe amar

Jesus hoje nos diz algo muito importante.

Releia o versículo 35 e complete:

"Todos saberão que sois meus discípulos,

____

____

____

É amando uns aos outros que revelamos seguir Jesus. Isso significa que as nossas atitudes devem ser compatíveis com o amor que Jesus nos orienta a expressar em relação aos outros. Você sabe quais atitudes são essas?

Procure-as no caça-palavras.

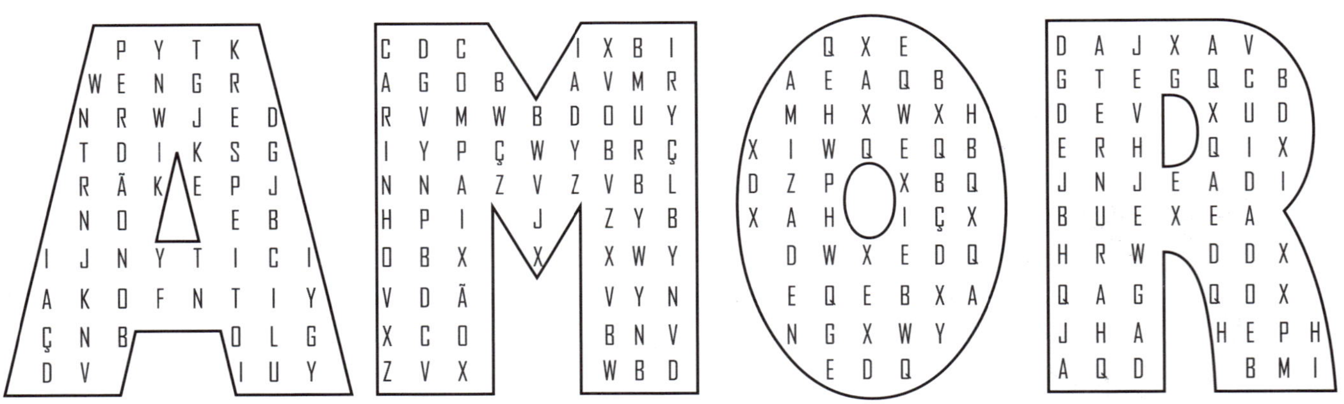

Momento em família

Converse com sua família sobre as palavras de Jesus apresentadas neste Evangelho e respondam à pergunta:

★ As atitudes de vocês, na família, têm revelado que seguem Jesus?

____

____

____

____

Amar como Jesus amou

Muitas coisas podem nos deixar preocupados ou com medo, como problemas ou notícias do dia a dia.

Neste Evangelho, aprendemos que não precisamos ter medo quando seguimos Jesus. Você sabe por quê?

Freepik/brgfx

Descubra encontrando os pontinhos azuis (•) no quadro A e localizando as palavras nos lugares correspondentes no quadro B, seguindo as linhas da esquerda para a direita.

____

____

____

____

Quadro A

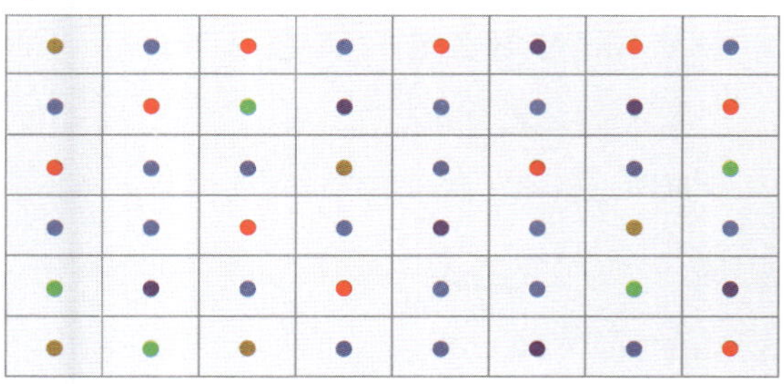

Freepik/drawlab

Quadro B

meu	Se	sinal	guardarmos	último	me	doação	os
ensinamentos	sempre	que	quadro	de	Jesus	para	se
amor	em	nossos	não	corações,	este	Ele	a
estará	sempre	certo	ao	é	nosso	oração	lado
paz	como	para	eu	nos	apoiar	dizer	sim
palavra	dia	seguir	nos	momentos	neste	difíceis.	à

Momento em família

Reúna-se com sua família no espaço para oração de sua casa e relembre o que Jesus diz: "Eu vos deixo a paz, eu vos dou a minha paz. [...] Não fiqueis perturbados nem tenhais medo". Conversem sobre como essas palavras de Jesus fazem vocês se sentirem.

6° Domingo da Páscoa

Ler
Jo 14,23-29

Atenção

Guardar os ensinamentos de Jesus, no entanto, não significa apenas memorizá-los. É preciso praticá-los!

Freepik/freepik

Junho

Ascensão do Senhor

2025

D	S	T	Q	Q	S	S
1	2	3	4	5	6	7
8	9	10	11	12	13	14
15	16	17	18	19	20	21
22	23	24	25	26	27	28
29	30					

Ler

Lc 24,46-53

01/06/2025

A missão de Jesus agora é nossa

Depois de sua Ressurreição e de aparecer aos discípulos, Jesus volta glorioso para o céu. Isso significa que sua missão acabou e devemos esperar o seu retorno para continuá-la? Não mesmo!

Pinte as letras M-I-S-S-Ã-O e complete as palavras do texto abaixo com as letras que sobrarem.

M D I S S Ç Ã U O M I N S Ç M I U S E Ã O N M T U I D S C S
H Ã C O M T I S B S R Ã L O V M I V S Z S R Ã D J T L O

Antes ___e subir aos céus, Jesus aben___oou os apóstolos para que contin___assem a sua missão. Isso sig___ifica que sua bên___ão também foi dada a cada um de nós, seus seguidores. Jes___s deseja nos v___r ama__do uns aos ou___ros como Ele nos ensino___, respeitan___o e a___ol___endo as pessoas sem pre___oncei___os, cola___o___ando para que as re___ações sejam ___i___idas em pa___ e const___uindo uma socie___ade mais ___usta, fra___erna e so___idária.

Ao praticar os ensinamentos de Jesus, estamos cumprindo sua missão de levar o amor de Deus a todas as pessoas.

Momento em família

Reflita com sua família sobre como algumas vezes pode ser difícil respeitar e acolher as pessoas sem julgá-las ou ter por elas algum preconceito. Conversem sobre como podemos vencer esses obstáculos para realmente levarmos o amor de Deus a todos.

O Espírito Santo nos guia

Jesus sabe que nossos pensamentos são cheios de preocupações. Muitas dessas preocupações podem nos afastar dos seus ensinamentos, porque esquecemos o que realmente importa. Para nos ajudar, Jesus deixou o Espírito Santo.

Você sabe o que o Espírito Santo faz por nós?

Para descobrir, siga as linhas e organize as frases de acordo com cada sequência.

F + B + A + G + D + E + C

____

____

____

____

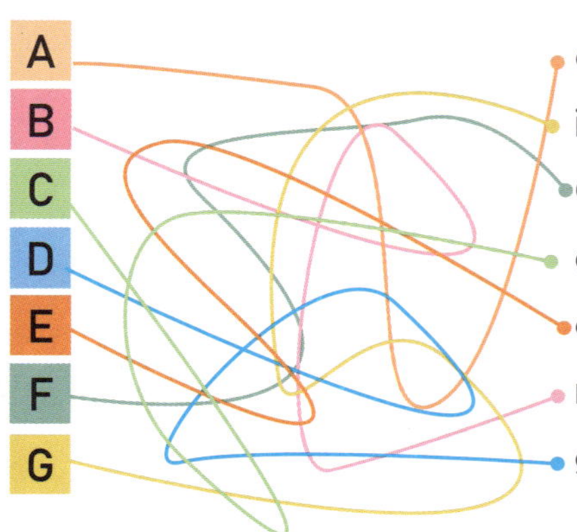

Momento em família

Você conhece a Oração de Invocação do Espírito Santo? Com sua família, pesquise essa oração e a rezem juntos no espaço de oração de sua casa.

Pentecostes

Ler
Jo 20,19-23

Por meio do Espírito Santo, podemos sentir a presença de Jesus em nossas vidas nos ajudando a ser testemunhas de seus ensinamentos, a continuar a sua missão. Por isso, assim como os apóstolos aprenderam, não precisamos nos preocupar com tantas coisas se confiarmos no Senhor.

Santíssima Trindade

Ler
Jo 16,12-15

15/06/2025

Um Deus em três pessoas divinas

Neste Evangelho, Jesus diz que o Espírito Santo nos guiará em todas as situações. Sempre que fazemos o sinal da cruz, relembramos essa promessa.

Vamos meditar este Evangelho? Siga o passo a passo.

1. Peça ajuda a um adulto para acender uma vela no espaço de oração de sua casa. Depois faça o sinal da cruz lentamente, falando baixinho: *Em nome do Pai e do Filho e do Espírito Santo. Amém!*
2. Leia o Evangelho de Jo 16,12-15 e repita as palavras de Jesus: "Quando vier o Espírito da verdade, ele vos guiará em toda a verdade".
3. Com as mãos sobre o peito, na altura do coração, lembre-se de que nós, como seguidores de Jesus, podemos contar com a Santíssima Trindade para nos guiar em nossas escolhas e nos acolher em nossas angústias.
4. Respire com calma, observando seu corpo relaxado, ainda com as mãos sobre o peito. Pense um pouquinho em como seria bom contar com a ajuda do Espírito Santo diante das dúvidas e dificuldades.
5. Faça a oração:

Querido Jesus, agradeço por nos ensinar sobre a Santíssima Trindade e nos apresentar um Deus em três pessoas divinas: Deus Criador, Filho Salvador e Espírito Santo, que nos conduz e acolhe no amor do Pai e do Filho. Sabemos hoje que quando somos conduzidos pelo Espírito Santo a fazer o bem, assumimos o nosso papel de discípulos missionários do Senhor. Que o Espírito Santo inspire cada vez mais as minhas ações. Amém.

6. Finalize o momento com o sinal da cruz.

Escreva como você se sentiu ao meditar este Evangelho.

Você sabia?

Na próxima quinta-feira, celebraremos o Corpus Christi, o mistério da Eucaristia. Leia Lc 9,11b-17 e participe das atividades de sua comunidade com sua família.

Freepik/vetre

Momento em família

Com sua família, que tal cantar a música "Glória ao Pai Criador"? Acesse o *QR Code* para acompanhar a letra e melodia em vídeo.

Reunidos, conversem sobre quais atitudes revelam que estamos sendo inspirados pelo Espírito Santo.

Permanecer fiel a Jesus

12º Domingo Comum

Ler
Lc 9,18-24

22/06/2025

Leia o Evangelho e observe a ilustração.

Muitas são as oportunidades de não seguir os ensinamentos de Jesus. Na ilustração, vemos uma criança copiando as respostas de um colega durante uma prova. Isso significa que os seus resultados não serão um produto fiel do seu próprio processo de estudo.

Freepik/studio4rt

Mentir para alguém ou até para nós mesmos é fácil. Sabendo disso, Jesus nos orienta que para segui-lo é preciso "tomar a sua cruz". Você sabe o que isso quer dizer?

Responda à cruzadinha para descobrir a palavra que completa a frase.

"Tomar a sua cruz" significa que você deve ter ___ ___ ___ ___ ___ ___ ___ ___ ___ ___ a Jesus, cumprindo os seus ensinamentos mesmo quando isso parecer difícil.

1. O termo coletivo para plantas é...
2. O contrário de noite é...
3. Quando sentimos falta de alguém, sentimos...
4. O lugar onde vamos para aprender é a...
5. Abelhas produzem...
6. O feminino de filho é...
7. Se misturar as cores azul e amarelo, temos...
8. Bem-te-vi é uma espécie de...
9. Se um é pouco e três é demais, bom seria...
10. O contrário de nunca é...

Seguir Jesus pode envolver dificuldades que muitas pessoas tentam evitar. Veja só!

- ★ Para falar a verdade, é preciso coragem.
- ★ Para ajudar quem precisa, é preciso esforço.
- ★ Para cuidar do planeta, é preciso disciplina.
- ★ Para ser solidário, é preciso disposição.
- ★ Para fazer o bem, é preciso paciência.

Momento em família

Reúna sua família e apresente o que aprendeu com este Evangelho. Depois, reflitam juntos sobre a pergunta: Vocês têm seguido Jesus com fidelidade, cada um carregando sua cruz, ou estão fazendo escolhas que parecem mais fáceis?

Freepik/freepik

S. Pedro e S. Paulo

Ler
Mt 16,13-19

29/06/2025

Assim também acontece com a gente, não é? Conforme conhecemos e nos tornamos amigos de uma pessoa, vamos também confiando mais nela.

Pare e pense:

Lembre-se de que é conhecendo o Senhor que vamos ter cada vez mais entendimento e confiança na sua mensagem de amor.

A amizade com Jesus fortalece a nossa fé

Neste Evangelho vemos que Pedro confiava muito em Jesus, ensinando-nos uma importante lição. Você sabe qual?

Organize as letras que estão espalhadas na ilustração para descobrir a palavra que completa a frase.

Pedro convivia com Jesus e tinha com Ele uma relação de _ _ _ _ _ _ _, por isso a sua fé na mensagem e divindade do Senhor era inabalável.

Vamos refletir sobre como está a sua amizade com Jesus? Responda honestamente às perguntas.

1. Como você tem buscado conhecer melhor Jesus?
2. Você conhece Jesus o suficiente para confiar nele?
3. Como você demonstra que confia em Jesus?

Momento em família

Convide sua família para se reunir no espaço de oração de sua casa e rezar com você:

Querido Jesus, queremos conhecê-lo melhor e nos tornar seus amigos. Pedimos, Jesus, que nos inspire a compreender cada vez mais a sua história e os seus ensinamentos quando formos à missa, participarmos da comunidade, lermos a Bíblia ou rezarmos, aumentando a nossa fé, o nosso conhecimento de sua mensagem e a confiança no Senhor. Amém.

Férias no caminho de Jesus

Durante as férias, participe das celebrações com sua família e colem juntos as figurinhas de cada domingo. Depois escrevam o que aprenderam com cada Evangelho.

14° Domingo Comum

Ler
Lc 10,1-12.17-20

06/07/2025

"Ide, eu vos envio!"

____
____
____
____

15° Domingo Comum

Ler
Lc 10,25-37

13/07/2025

"Vai e faze tu o mesmo!"

____
____
____
____

16° Domingo Comum

Ler
Lc 10,38-42

20/07/2025

"Uma só coisa é necessária"

____
____
____
____

17° Domingo Comum

Ler
Lc 11,1-13

27/07/2025

"Quando rezardes, dizei..."

____
____
____
____

Vimos que a oração do Pai-nosso foi ensinada por Jesus aos seus seguidores. Que tal ilustrá-la parte a parte para guardar no coração o seu significado? Acesse o *QR Code*!

Agosto

18° Domingo Comum

O verdadeiro tesouro

2025

D	S	T	Q	Q	S	S
					1	2
3	4	5	6	7	8	9
10	11	12	13	14	15	16
17	18	19	20	21	22	23
24/31	25	26	27	28	29	30

Ler
Lc 12,13-21

03/08/2025

Todos os dias vemos propagandas de objetos para comprar que parecem ser bem legais para usar e se divertir. É difícil algumas vezes não desejar um brinquedo novo, principalmente quando alguns amigos já o possuem e outros parecem querê-lo. Mas Jesus nos ensina algo sobre isso!

Descubra ordenando as palavras conforme o modelo do quebra--cabeça.

COM BENS MATERIAIS. | ÀS NECESSIDADES DO | VIDA NÃO DEPENDE | NÃO DEVEMOS NOS | MAS DE SER SENSÍVEL

DE ACUMULAR COISAS. | PREOCUPAR APENAS | A RIQUEZA DE UMA | AGRADAR A DEUS. | PRÓXIMO E, ASSIM,

A vida que agrada a Deus é aquela repleta de boas atitudes.

Cole a figurinha que representa uma dessas boas atitudes, depois preencha as demais linhas com outros exemplos que agradam ao Senhor.

Ajudar a família nos cuidados com a casa,

Vemos neste Evangelho que seguir os ensinamentos de Jesus é sempre mais importante do que qualquer bem material ou satisfação pessoal.

Momento em família

Converse com sua família sobre este Evangelho e reflitam juntos sobre a frase: "Amar as pessoas e a natureza é o tesouro mais precioso que podemos ter".

A nossa missão não acaba

19° Domingo Comum

Ler
Lc 12,32-48

10/08/2025

Seguir Jesus não é como uma corrida, em que tentamos alcançar um lugar de chegada. Não há um pódio para subirmos, porque a nossa missão não acaba.

Neste Evangelho, Jesus ensina que nós ____________ sempre ____________ o que ____________ com Ele, até o seu ____________.

Complete a frase respondendo às charadas. Depois, utilize o símbolo das respostas das charadas para decodificar o texto.

No sacramento do ____________, Deus abençoa a união de um casal para construírem uma família.

No Egito existem ____________, que são conhecidas por sua forma geométrica se assemelhar a um triângulo.

O ____________ é uma ave conhecida por ter uma cauda com plumas longas e coloridas, que se abrem em forma de leque.

Pedro, antes de se tornar discípulo de Jesus, era pescador e navegava com seu ____________.

A mensagem deste Evangelho destaca a ____________ como uma virtude fundamental de todo cristão. Por sermos fiéis ao Senhor, seguimos cumprindo a sua missão cuidando com amor das pessoas e do planeta.

Ordene as letras espalhadas na ilustração para descobrir que virtude é essa.

Momento em família

Convide sua família para se reunir no espaço de oração de sua casa e refletir sobre como podem animar uns aos outros na prática diária dos ensinamentos de Jesus.

Assunção de N. Senhora

Ler
Lc 1,39-56

17/08/2025

Maria nos ensina a ter fé

Hoje nos alegramos com Maria por ela ter sido escolhida por Deus para se tornar a mãe de Jesus! Com ela, aprendemos muito sobre a fé.

Descubra algumas das lições que aprendemos com Maria identificando no quadro a sequência correta e organizando a frase. Em seguida, transcreva a frase completa e na ordem correta.

◈○✪ ○◈✪ ✪○◈ ◈✪○ ○✪◈ ✪◈○

✪◈○ entre as pessoas.
✪○◈ colocando-nos a serviço do
◈✪○ Senhor e nos tornando instrumentos
◈○✪ Maria nos ensina a confiar
○✪◈ de paz, compaixão e amor
○◈✪ nas promessas de Deus,

____

____

____

____

____

Pare e pense:

Maria tinha com Deus uma grande amizade, por isso é também um modelo de fé para toda a Igreja! Como está a sua amizade com Deus?

Momento em família

Apresente à sua família o que aprendeu com este Evangelho. Depois convide-a para realizarem juntos a oração:

Ó querida Maria, pedimos que nos ajude a viver com fé diante das dificuldades deste mundo e abra nosso coração para que o Espírito Santo renove a nossa esperança. Que possamos crer nas promessas do Senhor como você, e que um dia tenhamos a alegria de servir aos propósitos do Criador com tanta nobreza quanto serviu. Virgem Maria, elevada aos céus, cuide de nós e de nossos caminhos. Amém.

Você sabia?

No dia 15 de agosto, celebramos a Assunção de Nossa Senhora, o momento em que Maria é levada ao céu de corpo e alma, para partilhar a glória do Filho Ressuscitado.

Freepik/freepik

Atitudes que expressam o amor de Deus

21° Domingo Comum

Ler
Lc 13,22-30

24/08/2025

Muitas vezes não pensamos com cuidado nas consequências do que falamos ou fazemos. Este Evangelho nos ensina que devemos sempre considerar haver à nossa frente duas portas.

A maior porta é aquela mais confortável de se abrir e passar por ela, por isso representa as atitudes mais fáceis que podemos ter. Já a menor porta é aquela que exige um pouco mais de trabalho para passar por ela, representando aquelas atitudes mais difíceis.

Você conseguiria diferenciá-las?

Enumere as atitudes identificando com (1) as mais fáceis e com (2) as mais difíceis.

- ( ) Gritar quando está com raiva.
- ( ) Desculpar-se quando ofende alguém.
- ( ) Brigar quando se sente injustiçado.
- ( ) Perdoar uma pessoa arrependida.
- ( ) Bater quando se sente contrariado.
- ( ) Ajudar quando quer descansar.
- ( ) Reclamar quando se sente insatisfeito.
- ( ) Mentir quando está com medo.
- ( ) Proteger o meio ambiente.

Pare e pense:

As atitudes que expressam o amor de Deus são aquelas que revelam que você se importa verdadeiramente consigo, com os outros e com a natureza. O quanto você as tem escolhido?

Neste Evangelho, Jesus pede para que não nos acomodemos com atitudes fáceis, porque elas não consideram as consequências. Como seus discípulos, precisamos nos esforçar para praticar atitudes que realmente expressam e cultivam o amor de Deus nas situações.

Momento em família

Converse com sua família sobre as atitudes enumeradas na atividade e escolham uma das atitudes difíceis de realizar que expressam o amor de Deus para ilustrarem juntos. Aproveitem o espaço.

22° Domingo Comum

Ler
Lc 14,1.7-14

31/08/2025

A verdadeira grandeza

Neste Evangelho, Jesus ensina que a verdadeira grandeza está na doação de seus dons, de seus talentos, ao próximo. Vamos entender melhor?

Freepik/freepik

Complete o texto preenchendo os espaços de acordo com as cores das letras nas palavras ao redor.

GENTILEZA **MISSÃO** **AMOR** **GRATUIDADE** **BONDADE**

Iss___ significa q___e no R___i___o de Deus ne___hum g___sto de bo___da___e, gentileza ou aju___a é expr___ss___ para ___bte___ em ______oca alguma recompe___sa.

H___je vemos m___i___as p___ssoas faze___em o bem espera___do serem ___otadas, reconheci___as c___mo bo___dosas e elogia___as. Para Jes___s, não ___evemos faze___ o b___m espe___and___ alguma compe___saç___o.

Faz___r o bem, p___rtanto, faz pa______e da ética de quem s___gue Jesus. Fazemos o b___m porque a bon___ad___ é a li___guagem do am___r de De___s no mu______o, e s___mos ins__________ment___s d___sse amor como h___r___ei___os da miss______ de Jesus.

Agir sem "segundas intenções" significa realmente pensar no bem-estar das pessoas e dos demais seres vivos, como aprendemos com Jesus.

Momento em família

Convide sua família para, no espaço de oração em sua casa, rezarem juntos a prece:

Querido Jesus, agradecemos os talentos que o Senhor nos deu para que possamos ajudar uns aos outros com verdadeira bondade. Desperte em nossos corações o amor pelas pessoas e pela natureza, para que possamos todos os dias expressá-lo sem esperar recompensas. Amém.

gerado com IA/Ana Oleniki

Setembro

As prioridades de quem segue Jesus

23° Domingo Comum

Todos os dias somos cercados de muitas informações. Na internet, por exemplo, vemos uma foto ou um vídeo atrás do outro, cada um trazendo um dado diferente para atrair a nossa atenção. É fácil perder a noção do que é realmente importante no meio de tanta informação.

Freepik/freepik

2025

D	S	T	Q	Q	S	S
	1	2	3	4	5	6
7	8	9	10	11	12	13
14	15	16	17	18	19	20
21	22	23	24	25	26	27
28	29	30				

Ler

Lc 14,25-33

Procure no caça-palavras aquelas que completam o texto para descobrir o que este Evangelho ensina sobre isso.

```
P Y N F H U W R L Ç F
R H P R Ó X I M O F H
I Ç V S Q Y V Q B R F V
H O B H A N H C O I S A B
L R Ç N B Q Y B W B Ç F H Q
W I N T E R E S S E S B W H
F D B N D Q H B V B R L Ç
H A B W O Ç Y V A M A R B
D Q N R B L Q L F L Q
E B Q I F R N O Ç M W
S Y L A F B H R Q F Y
```

Precisamos ter ______________ para dar a cada ______________ o seu devido ______________ e tamanho, organizando nossos ______________ em uma ordem de ________________. Aos discípulos que seguem Jesus, duas prioridades representam o que verdadeiramente importa: ______________ a Deus e amar ao ______________ como a nós mesmos.

07/09/2025

Para saber se aquilo que você tem considerado importante está alinhado com os ensinamentos de Jesus, reflita sobre as perguntas:

- ★ Quais são os interesses para os quais você dá mais atenção no dia a dia?
- ★ Entre esses interesses, de **1** a **10**, em que posição estão as atitudes ensinadas por Jesus?
- ★ Quando está na catequese ou na missa, você se envolve com o que está aprendendo e celebrando com a comunidade?

Momento em família

Converse com sua família sobre as perguntas propostas para sua reflexão e respondam juntos à questão: **Quais devem ser as prioridades daqueles que seguem Jesus?**

Exaltação da Santa Cruz

Ler
Jo 3,13-17

"Deus amou tanto o mundo..."

Viva, hoje celebramos a relação de amor que Deus deseja ter com cada um de nós! Mas por que a cruz é o grande símbolo de destaque deste dia?

Descubra o que significa a cruz para os cristãos neste dia especial seguindo as setas indicadas e escrevendo a frase.

se	santo	meio	cruz	porque	de	eu	eles	vida	se	morte	seu
A	viver	de	humanidade,	mesmo	entre	Seu	doar	meios	da	a	quer
em	seguir	doar	pela	nela	pois	Filho,	A	vitória	me	o	e
cruz	a	Deus	dia	Deus	sem	Jesus.	cruz	de	sobre	pecado,	de
fé	expressão	de	celebrar	se	pessoa	amém	eis	a	as	e	o
é	do	amor	mas	oferece	na	sim	revela	aos	tem	ir	mal.

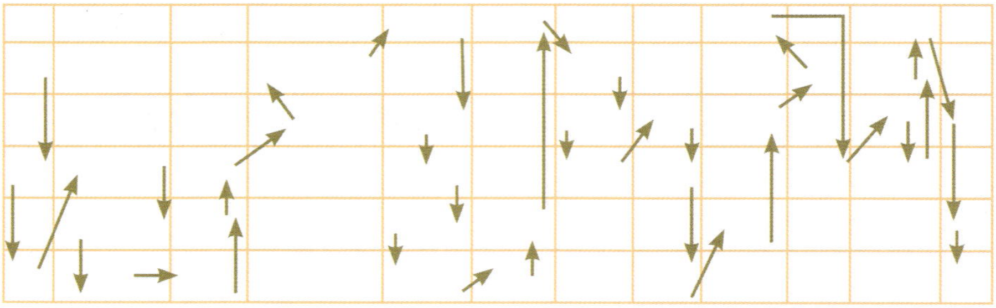

Quando olhamos a cruz, encontramos a misericórdia de Deus, que sempre nos convida para uma relação de amizade. A missão do cristão é testemunhar, com gratidão, esse amor imenso de Deus que conhecemos mediante a vida e entrega de Jesus.

Momento em família

Convide seus familiares para comparecerem à celebração de hoje em sua comunidade, e depois conversem sobre o que este Evangelho ensinou a cada um.

Freepik/freepik

O cristão age pelo bem

25° Domingo Comum

Ler
Lc 16,1-13

Muitas pessoas dizem que devemos ser espertos, para aproveitar as oportunidades a nosso favor. Por causa de pessoas que querem tirar vantagens de outras, por exemplo, muitas *fake news* (notícias falsas) circulam na internet.

Freepik/yarruta

Jesus ensina que a esperteza deve ser usada para a prática do bem, e não em benefício próprio.

Seguir Jesus significa viver praticando a...

Freepik/rantaimages

💍 🦋 😍 🌞 🗑️ 🪁 🌞

🦕 🤡 🥎 💍 🔑 🗑️ 🪁 🧒 🌞 🧒 💍

🗝️ 💍 🙏 🧒 🌞 🧒 💍

🧷 🔆 🔑 🗑️ 🪁 ⌚ 🌞

😀 🤡 🥎 🧒 🌞 🧒 💍

🔑 🤡 🧡 🪁 🧒 🌞 🙏 🪁 💍 🧒 🌞 🧒 💍

Decifre os símbolos para descobrir as palavras que representam como o cristão deve viver.

A	B	C	D	E	F	G	H	I	J
🌞	😀	👧	🧒	💍	💎	💡	🦕	🪁	🧷
K	L	M	N	O	P	Q	R	S	T
🧭	🧡	🦋	🥎	🤡	😍	🛴	🙏	🔑	🗑️
U	V	W	X	Y	Z	Ç			
🔆	🗝️	🔈	👕	🐻	🐟	⌚			

Momento em família

Converse com sua família sobre este Evangelho e reflitam juntos sobre a frase: A principal motivação para o agir do cristão é o bem.

Freepik/sajjidalways21

26° Domingo Comum

Ler
Lc 16,19-31

Em 2024, milhares de pessoas no Rio Grande do Sul perderam suas casas devido ao excesso de chuvas e às enchentes. Pessoas de todo o país se mobilizaram como voluntárias para realizar as mais diversas tarefas de ajuda às vítimas.

28/09/2025

Lembre-se: confortar ou ouvir alguém também é um gesto de compaixão.

O coração de quem segue Jesus é compassivo

Jesus aponta neste Evangelho uma virtude muito importante para aqueles que o seguem.

Freepik/apiepkddr213

Descubra que virtude é essa organizando as letras espalhadas na ilustração e completando o texto.

A ______________________________ de Jesus nos orienta a não ficarmos indiferentes diante do sofrimento do próximo. Jesus quer que a nossa compaixão se expresse em ações que ajudam de verdade o próximo a superar dificuldades e ter uma vida mais digna.

- ★ Arrecadar doações de roupas, alimentos e outros itens essenciais.
- ★ Organizar centros comunitários para abrigar as vítimas.
- ★ Recuperar a infraestrutura básica das cidades.
- ★ Atender às urgências médicas entre os desabrigados.
- ★ Acolher a tristeza daqueles que perderam entes queridos.
- ★ Cuidar dos animais sobreviventes.

É possível ajudar de muitas maneiras, não é?

Pesquise outros gestos que expressam a compaixão de que Jesus nos fala e escolha um deles para desenhar.

Momento em família

No espaço de oração de sua casa, reúna-se com seus familiares para conversarem sobre a compaixão ser um meio pelo qual praticamos o bem. Sem compaixão, seremos como o homem rico deste Evangelho, que só se preocupava consigo mesmo. Ao final da conversa, pergunte o que poderiam fazer juntos por alguém ou algum animal que necessite de ajuda.

Freepik/freepik

Outubro

Um dom que anima a comunidade

Adobe Stock

O mundo pode ser um lugar onde vemos muitas coisas desagradáveis que trazem pensamentos de preocupação e medo. No entanto se usarmos um dom que recebemos em nosso Batismo, com certeza podemos ter atitudes e dizer palavras que ajudem a promover o bem ao próximo, sem esperar nada em troca. Esse dom é essencial para que as mudanças aconteçam, para animar as pessoas e a comunidade. Você sabe qual?

Descubra relacionando os pontinhos de cor laranja do quadro A ao quadro B, de cima para baixo e da esquerda para a direita. Depois faça o mesmo com os pontinhos verdes e roxos. Organize as frases seguindo a ordem: pontinhos laranja (•), verdes (•) e roxos (•).

Quadro A

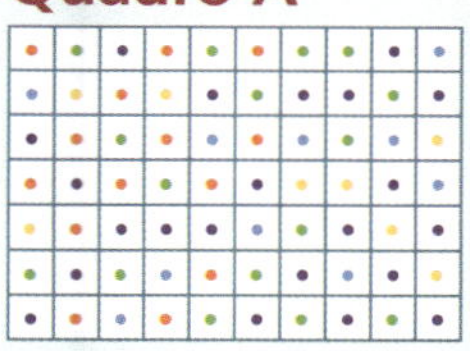

Quadro B

A	é	de	crer	Deus	sociedade	pessoa	pode	expressão	mundo
um	com	que	uma	cada	por	Sua	e	por	amor
A	é	uma	na	de	melhor.	Bíblia	vivê-la	vai	ler
fé	é	possamos	com	de	recebe	como	nada	é	foram
a	essencial	Deus	que	pessoa	acolhe	individualmente;	sua	era	ao
Ela	dom	experiência	parece	uma	cada	graça,	por	o	todos
fé	para	para	construção	vivida	por	ninguém	maior	você.	próximo.

____

____

____

____

É a nossa fé em Jesus, Filho de Deus, que nos motiva a acreditar que podemos construir um mundo melhor colocando nossos dons a serviço do próximo.

Momento em família

Convide sua família para se reunir no espaço de oração de sua casa. Apresente o que você aprendeu com este Evangelho e conversem sobre a pergunta: Quais são as suas atitudes no dia a dia que revelam a sua fé em Jesus?

27° Domingo Comum

Ler

Lc 17,5-10

05/10/2025

Que tal construir um mural que demonstre o que seria, para sua família, um mundo melhor? Acessem o QR Code e, utilizando imagens de revistas ou imprimindo outras que encontrarem na internet, completem o mural proposto.

Nossa Senhora Aparecida

Ler
Jo 2,1-11

12/10/2025

Maria, nossa intercessora!

Freepik/freepik

Viva, hoje celebramos o Dia de Nossa Senhora Aparecida! Neste dia lembramos e agradecemos o modelo de fé que encontramos em Maria, uma mulher simples que confiou profundamente nas promessas de Deus.

A fé de Maria é tão grande que também a procuramos como nossa intercessora junto a Deus, por isso rezamos para ela com carinho ao realizar pedidos de proteção ou ajuda ao Senhor.

Há muitas orações conhecidas para se fazer a Nossa Senhora. Pesquise uma delas e escreva-a a seguir.

Peça a ajuda de sua família!

VOCÊ SABIA?

Hoje é feriado nacional porque Nossa Senhora Aparecida é também a Padroeira do Brasil. Lembre-se de Maria como um modelo de fé, uma mulher simples que confiou profundamente nas promessas de Deus.

Momento em família

Que tal realizar uma visita virtual com sua família ao Santuário Nacional de Nossa Senhora Aparecida? Esse santuário é considerado um lugar sagrado pelos católicos, onde a imagem de Nossa Senhora pode ser visitada por todos aqueles que acreditam na sua intercessão divina. Acesse o *QR Code*.

A oração na rotina do cristão

29° Domingo Comum

Ler
Lc 18,1-8

Daniel de Souza Gomes

Assim como a viúva deste Evangelho, que foi perseverante em suas súplicas ao juiz, nós também devemos ser perseverantes quando buscamos algo que nos importa.

Com Jesus, aprendemos que é preciso perseverar na oração. Você sabe por quê?

19/10/2025

Descubra utilizando somente as palavras que estão com cores iguais em cada coluna e copiando a palavra correspondente a essa cor.

Somos	nos	Deus,	amor	milagre	crer	Ele	foi
A	Bíblia	dos	a	forma	os	gratidão	de
fé	aproxima	amigo	como	a	manter	uma	onde
oração	cuidar	sendo	pode	de	oração	mais	amizade
Igreja	de	foram	principal	agora	com	relação	gente

Ela nos ajuda a conservar a fé e a perseverar, confiantes de que Deus ouve seus filhos e os atenderá no tempo devido.

Jesus nos quer próximos a Deus, por isso Ele nos ensina a rezar. É importante praticar a oração todos os dias, mantendo uma rotina na qual compartilhamos com o Senhor nossos agradecimentos, pedidos e louvores.

Freepik/freepik

Momento em família

No espaço de oração de sua casa, convide seus familiares para rezarem juntos a oração que Jesus ensinou aos seus seguidores: o Pai-nosso. Depois conversem sobre como poderiam realizar mais momentos de oração em família.

30° Domingo Comum

Ler
Lc 18,9-14

26/10/2025

Tratar a todos com respeito

Após ler o Evangelho, observe a ilustração.

Muitas vezes nos sentimos mais importantes do que os outros porque temos algum bem material cobiçado, porque dispomos de algum talento especial ou porque nos julgamos melhores pelo nosso modo de agir e pensar.

No entanto aprendemos com Jesus que devemos sempre agir praticando uma importante virtude: a **humildade**.

Entenda o que significa agir com humildade selecionando e ordenando as sílabas para completar a frase.

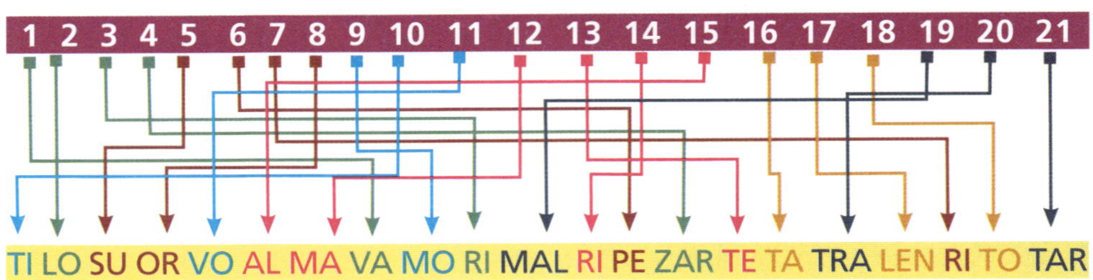

Agir com humildade é ____________ as pessoas igualmente, evitando se mostrar ____________ a elas por qualquer ____________. Quando somos humildes, nenhum bem ____________, ____________ ou pensamento justifica ____________ os outros.

Lembre-se: a pessoa humilde é comprometida a tentar tratar todos com respeito e a colocar o que sabe a serviço do próximo.

Momento em família

Convide sua família para lerem juntos este Evangelho. Conversem sobre como seria o mundo se as pessoas fossem mais humildes e tratassem os outros melhor, independentemente de suas diferenças materiais ou comportamentais.

Uma vida que vale a pena

A celebração de hoje convida a recordar nossos entes queridos que já partiram para a eternidade. Conhecido como Dia de Finados, hoje dedicamos um pouco do nosso tempo para carinhosamente rezarmos por aqueles que amamos e de quem sentimos falta.

Aprendemos com o Evangelho de hoje que ____________________
____
____
____ e
colaboram com a construção de uma sociedade melhor para todos.

Para completar a frase acima, decifre as charadas e ordene as frases de acordo com as cores das respostas.

1. Qual destes meios de transporte voa?

2. Qual destes símbolos é cristão?

3. Qual destes objetos é escolar?

Freepik/macrovector

- devemos tratar bem apenas as pessoas de quem gostamos
- promovem a paz, em vez de conflito e violência. Essas atitudes, conhecidas como
- bem-aventuranças, são aquelas que ajudam o próximo, defendem a justiça
- a felicidade prometida por Jesus é alcançada quando buscamos praticar atitudes que
- não adianta se esforçar por quem não merece o amor de Deus

É praticando os ensinamentos de Jesus que vivemos uma vida que vale a pena, cercada de felicidade e amor verdadeiro pelas pessoas e pela natureza.

Comemoração dos Fiéis Falecidos

Ler
Mt 5,1-12

Em 1º de novembro celebramos o Dia de Todos os Santos! Dedicamos a leitura do Evangelho de hoje para lembrarmos todos que buscaram viver os ensinamentos de Jesus, promovendo a paz e o amor ao próximo, sendo testemunhas de fé no Senhor. Leia Mt 5,1-12a

02/11/2025

Muitos visitam os cemitérios para prestarem suas homenagens, deixando flores e velas a familiares e amigos falecidos.

Momento em família

Convide seus familiares para dedicarem alguns minutos no espaço de oração de sua casa para realizarem juntos a prece:

Querido Jesus, hoje lembramos o valor da vida. Pedimos que o Senhor sempre conforte a saudade daqueles que partiram enchendo os corações de esperança nas suas promessas e no seu amor. Que possamos praticar seus ensinamentos e desfrutar da verdadeira felicidade que o Senhor ensina, fortalecendo a nossa fé na esperança de dias melhores. Agradecemos a vida que temos e todos os encontros que vivemos nela. Amém.

Dedicação da Basílica do Latrão

Ler
Jo 2,13-22

Igreja, lugar de encontro com o Senhor

Jesus lembra neste Evangelho que o Templo é lugar sagrado, onde nos colocamos na presença de Deus em oração e nos reunimos em comunidade para fortalecer a fé.

Agizo exgizpulgizsar osgiz comegizrciagizntes qgizue atugizagizvam ngizo Tegizmplgizo, Jegizsugizs revgizela qugize ngizão pgizodegizmos mgizisturgizar ogiz amgizor degiz Dgizeugizs àgizs regizlações cogizmercigizais, agizos begizns magiztgizeriagizis. Devgizemgizos bugizscar estgizabegizlecer ugizm vergizdadeiro regizlacionamgizento cogizm Deugizs. gizO amgizogizr degiz Degizus égiz gizgragiztuito gize esgiztgizá sgizemprgize disgizponígizvel giza qgizuem bgizuscgizá-lo cogizm gizo cogizmprgizomisgizso hgizonegizsto dgize acogizlhgizer emgiz seugiz corgização agiz pregizsengizça dgize Jgizesugizs.

Decifre o texto enigmático eliminando a palavra "giz".

____

____

____

____

VOCÊ SABIA?

A comunidade é que faz contribuições para manter a igreja que você participa! Para que isso aconteça, o dízimo é uma forma de ajudarmos a nossa igreja a continuar sendo um espaço acolhedor a todos que a frequentam. Converse com seu catequista sobre isso.

Momento em família

Compartilhe com seus familiares o que aprendeu com este Evangelho e procurem responder juntos à pergunta: Vocês têm valorizado a sua igreja como lugar onde se dedicam a se comunicar com Deus, ouvir a Palavra e se reunir com pessoas que também estão buscando praticar os ensinamentos de Jesus?

Ter uma fé firme

Muitas são as situações que nos desanimam e entristecem. Jesus sabe que enfrentamos várias dificuldades na vida que podem nos distanciar da nossa fé, por isso nos traz uma importante mensagem neste Evangelho.

Pinte as palavras que correspondem às categorias indicadas no banco de palavras. As palavras que sobrarem revelarão que mensagem é essa lendo-as de cima para baixo, da esquerda para a direita. Transcreva a mensagem nas linhas abaixo.

Cor | Brinquedo | Ponto cardeal | Meio de transporte

azul	trator	pois	táxi	avião	a	sinais	cubo mágico
É	oeste	sul	difíceis	o	ônibus	roxo	aconteci-mentos
leste	a	nos	laranja	ser humano	bola	de	preto
boneca	rosa	amarelo	ela	barco	reconhecer	trem	da
preciso	nossa	carrinho	carro	e o	baralho	Deus	patins
cultivar	cinza	dias	bordô	norte	os	nos	vida
verde	fé,	vermelho	sustenta	ajuda	caminhão	bran-co	lousa mágica

Jesus nos convida a cuidar e cultivar o Templo mais importante: a nossa fé. Por isso Ele pede para termos uma fé firme, apesar das dificuldades e do medo que podemos sentir diante delas.

Freepik/ bearfotos

Momento em família

Que tal definir com seus familiares uma rotina semanal de práticas que podem fazer juntos para ajudarem uns aos outros a manter uma fé firme diante das dificuldades? Acesse o *QR Code* e realizem juntos a atividade proposta.

33° Domingo Comum

Ler

Lc 21,5-19

16/11/2025

Freepik/ 2k13team

Cristo Rei

Ler
Lc 23,35-43

23/11/2025

Nunca é tarde para fazer o bem

Freepik/Matan

Ainda que Jesus tenha sofrido pela maldade da humanidade, este Evangelho revela sua profunda misericórdia aos que se arrependem verdadeiramente de seus pecados.

A misericórdia de Jesus está ____________ a todos que estiverem ____________ a reconhecer seus erros e, com ____________, se comprometer a ____________ suas atitudes para que sua ____________ se torne um instrumento do amor de Deus.

Complete a frase com as palavras que não rimam.

rumor – disponível – humor – temor
valor – calor – dispostos – bolor
humildade – floresce – decresce – aquiesce
cava – lava – melhorar – dava
contar – vida – montar – apontar

Para seguir Jesus, devemos proclamá-lo como nosso Rei e Senhor, dedicando atenção às nossas palavras e atitudes para que sejamos testemunhas do seu amor, servindo ao próximo e sendo solidários com os que sofrem. É preciso também reconhecer as nossas faltas para, com humildade, nos reconciliarmos com Jesus e com as pessoas.

Freepik/freepik

Momento em família

No espaço de oração de sua casa, convide seus familiares para fazerem uma oração silenciosa pedindo perdão a Jesus por suas faltas. Concluam o momento acendendo juntos uma vela para que a chama represente a luz de Jesus em suas vidas.

Freepik/freepik